I0403526

INVENTAIRE

V2/568

Inventaire

V 24563

© V 2654.
Ed. 51a.

# L'AMATEUR

## AU SALON.

## EXPOSITION DE 1817.

### Par Mr H. O***.

*Debellare superbos.*

A PARIS,

Chez
{
CHAIGNIEAU AÎNÉ, Libraire, rue de la Monnaie, n° 11;
DELAUNAY, Libraire, Palais-Royal, galerie de bois.
PELICIER, Palais-Royal, cour de la Bourse.

IMPRIMERIE DE CHAIGNIEAU AÎNÉ.

1817.

V

24568

# LETTRE

## EN FORME DE PRÉFACE.

MONSIEUR,

Vous me demandiez, il y a quelque temps, ce que je pensais de l'état actuel des arts en France, et je crois vous avoir répondu alors, d'après l'avis de Messieurs les membres de l'Institut, que les peuples ayant leurs époques alternatives de barbarie et de civilisation, de ténèbres et de lumières, au-delà desquelles ils doivent nécessairement recommencer une nouvelle période, il y avait lieu de penser, en considérant combien nous sommes éclairés, que nous touchions à la décadence; tel est encore mon sentiment : mais comme il ne faut jamais juger sans avoir entendu les deux parties, et le hasard m'ayant fait tomber entre les mains un manuscrit qui soutient précisément le contraire, je m'empresse de vous le faire passer. Je dois en même temps vous prévenir que l'intention de celui qui l'a rédigé n'étant pas

1 *

de le mettre au jour, vous lui feriez plaisir de le garder dans votre portefeuille. Cependant, comme ce ne sont pas ses propres idées qu'il nous transmet, je ne vois pas qu'il puisse être compromis ; quant à M. le comte de Y\*\*\*, tout le monde sait qu'il prêche dans le désert, et dernièrement encore on le comparait à Cassandre sous les murs de Troye. Quoi qu'il en soit, si vous jugez que ce petit livre puisse avoir quelque débit, je vous dirai, en confidence, que ce serait une bonne œuvre de procurer à M<sup>r</sup> H. O. les moyens de remplacer son habit noir, qu'il a usé en faisant des visites pour être reçu à l'Académie, sans avoir pu y réussir. Vous en ferez, au reste, comme vous le jugerez à propos.

J'ai l'honneur d'être,

MONSIEUR,

Votre très-humble et très-obéissant serviteur,

\* \* \*.

# L'AMATEUR

## AU SALON.

## EXPOSITION DE 1817.

Il y avait, dans ce temps-là, un homme qui semblait avoir pris à tâche de trouver mauvais tout ce que faisaient ses contemporains ; en vain lui représentait-on qu'il ne devait pas s'obstiner à fermer les yeux aux lumières qui brillaient pour tout le monde ; il répondait qu'au contraire tous les hommes ne voyaient depuis long-temps qu'à travers le triple bandeau de la prévention, de la vanité et de l'ignorance, et qu'il n'y avait que lui seul qui eût les yeux véritablement libres et ouverts. Comme c'était une personne considérable, sous plusieurs rapports, les savans de toutes les classes entreprirent de le faire revenir de ses erreurs : mais on reconnut bientôt que sa maladie devenait de plus en plus incurable ; il parlait toujours des anciens avec une admiration qui allait jusqu'à l'enthousiasme ; et si quelqu'un lui présentait un bon ouvrage moderne , il savait aussitôt lui en opposer un antique analogue, et ne manquait jamais de le préférer, par mille bonnes raisons qu'il déduisait avec une précision , une dialectique si puissante ( car il était profondément érudit), et une telle force, qu'il était impossible de lui résister ; aussi les savans, voyant sa folie parvenue à son comble, et désespérant de pouvoir y apporter remède, l'abondonnèrent-ils à sa manie , et le laissèrent tout seul citer les Grecs, les Égyptiens, les Gymnosophistes, les Indiens, et toute l'antiquité.

Ce sont quelques - unes des idées de cet homme extraordinaire que j'ai entrepris de mettre par ordre ; je ne dis pas toutes, car il serait, je crois, dangereux de publier tout ce qui peut se dire journellement à Charenton, mais une partie de celles qui ont rapport aux arts dont j'ai quelque connaissance. Je me garderai bien de signer cette brochure, dont je ne suis d'ailleurs que l'éditeur tout simplement, je craindrais trop qu'on ne crût que je partage l'opinion de son auteur, et je proteste d'avance, pour ceux qui pourraient parvenir à me reconnaître par mon style ou par mes initiales ; que je ne pense nullement comme j'écris , et que j'ai trop de respect pour les idées généralement reçues, pour oser jamais tracer le quart de ce que vous allez lire.

On ne manquera pas de m'objecter que je n'aurais pas dû propager une doctrine que je regardais comme aux trois quarts fausse; mais je réponds à cela qu'il est facile de remarquer, et à Paris plus que partout ailleurs, que si un homme, en passant dans une rue ou dans une place publique, fait le moindre geste qui ne paraisse pas ordinaire, l'individu gesticulant est aussitôt regardé, examiné, suivi même avec une attention qui va jusqu'à détourner la plupart des gens de leurs affaires les plus pressantes; ajoutez-y le scandale qui doit naître nécessairement d'une opinion contraire à toutes les autres, et vous conviendrez que jamais personne ne s'est trouvé dans une plus belle position pour écrire un pamphlet, lequel cependant n'aura rien que d'innocent, puisque je tiens la plume, et que je ne permettrai à aucune calomnie de s'y présenter qu'à mon insu.

D'ailleurs , mon maniaque m'a raconté souvent une historiette qui m'encourage encore. Une pluie abondante, disait-il, étant tombée un soir sur une ville antique, dont j'ai oublié le nom, tous ceux qui en furent mouillés devinrent insensés : un seul homme n'en fut pas atteint; le lendemain il passa pour fou ; on le battit et on l'enferma. Cet homme-ci n'aurait qu'à être aussi le seul préservé de l'humidité contagieuse, j'aurais écris un bon livre pour la postérité.

Il est inutile de vous apprendre, dans tous les détails, comment j'ai fait la connaissance de M. le comte de Y***. Il vous suffira de savoir qu'ayant pris, depuis vingt-cinq ans, la bonne habitude d'être de l'avis de tous ceux qui me font l'honneur de m'adresser la parole, M. le comte, s'étant par hasard rencontré à côté de moi dans une réunion où l'on admet tout le monde, à condition qu'on ne parlera que de choses indifférentes, me fit part indifféremment, et en ma qualité d'amateur, de quelques-unes de ses idées sur les anciens : son opinion connue, je la partageai à l'instant; cette franchise l'encouragea; il ajouta quelques traits défavorables aux modernes. Je répliquai dans le même sens; il s'enthousiasma; je renchéris encore, et j'appuyai fortement sur l'estime méritée qu'il paraissait faire particu-

lièrement des Grecs , et en moins de trois
minutes il me prit tellement en amitié que
jamais liaison ne fut ni si forte ni si intime. Sur-
le-champ il me donna rendez-vous pour le
lendemain matin , afin d'aller ensemble voir
les galeries du Musée , nouvellement ouvertes
au Public, pour y disserter sur les peintres
morts, en attendant , disait-il, qu'on livre les
vivans à nos critiques.

En me retirant je réfléchissais sérieusement
sur les dangers auxquels m'exposait la connaissance d'un pareil homme, et j'étais presque
décidé à rompre la partie sous quelque spé-
cieux prétexte, quand l'idée me vint de mettre
par écrit ses réflexions, dont on m'avait déjà
parlé , de manière à piquer ma curiosité :
après tout, disais-je en moi-même, s'il y a
quelque chose de trop piquant dans ses premières remarques , nous n'aurons sur les
épaules aucun des auteurs offensés, et il sera
toujours temps de me retirer prudemment,
quand nous en viendrons au point délicat.
Cette affaire conclue, je m'endormis tranquil-
lement, et le lendemain je fus réveillé par le
bruit de la voiture du comte, qui venait me
prendre : je m'habillai à la hâte ; nous par-
tîmes ; et voici ce que j'écrivis à mon retour.

Je m'attendais à une grande volubilité de
paroles, et je me préparais , si ma mémoire
se fût trouvée trop surchargée, à saisir au moins
les réflexions les plus saillantes et les plus éloi-
gnées de celles qu'on a déjà faites, ou que
chacun peut faire tous les jours ; mais bien
loin de là ; comme c'était la première fois qu'il
voyait la galerie depuis sa restauration , il me
promena d'un bout à l'autre, en allant de tableau en tableau , sans proférer une seule syl-
labe. J'attendais toujours qu'il rompît le silence,
et je ne voulais pas commencer, de peur d'exer-
cer quelqu'influence sur ses idées ; enfin , nous
trouvant à la coquille qui termine la galerie,
il me proposa de nous y asseoir et entama
ainsi la conversation :

La collection que nous venons de voir,
quoiqu'elle ait fait de grandes pertes , est, à
mon avis, la plus riche de l'Europe , tant par
le nombre que par le mérite des tableaux ,
dont la plupart nous étaient déjà connus ; mais
ce qui mérite des éloges, c'est l'ordre que
l'on a suivi dans l'arrangement, non pas des
Ecoles , il est naturel de toute manière, mais
des tableaux entr'eux. Il y a un grand art à
observer avec justesse l'harmonie d'un tout
ensemble, de sorte que toutes les parties se

fassent valoir mutuellement, et il est si facile
de s'en écarter, quand il est composé de tant
de morceaux de différens styles, d'effets di-
vers, et même d'exécutions opposées, qu'il
me semble que la méthode que l'on a suivie
ne peut être que le résultat d'une conception
savante et éclairée : vous avez pu remarquer
que les oppositions vives d'un tableau plein
de lumière, placé entre d'autres très-vigou-
reux, y sont rares, et toutes à l'avantage des
chefs-d'œuvre de chaque Ecole; la tranquil-
lité qui résulte de la classification de ceux qui
sont égaux de valeur, sert encore à relever
et la composition, et la vérité, et jusqu'à l'habileté de la touche de tel ou tel maître, et cela
est si bien observé, que beaucoup de tableaux
semblent avoir repris de l'éclat ou de la valeur, à présent qu'ils ne sont plus écrasés par
leurs voisins au point qu'on a de la peine à
les reconnaître, et qu'on les revoit avec un
nouveau plaisir.

D'après cette période, que je vous rends très-
fidèlement, je me persuadais déjà que M. le
comte entrait en convalescence de sa maladie
atrabilaire, et j'allais l'en féliciter lorsqu'il
ajouta : Il y a cependant une chose qui m'a
frappé, et que je ne puis approuver; le plus

beau des Rubens, le plus soigné (1), est placé
trop haut pour que l'amateur de la finesse
du coloris puisse en jouir et juger ce maître
dans toute sa beauté; mais c'est une petite inad-
vertance facile à réparer; enfin cette galerie
est très-belle; mais, hélas! combien ne lais-
serait-elle pas à désirer, si nous pouvions la
comparer à celle que mon imagination me
présente, composée de tableaux grecs d'un
mérite égal aux sculptures que nous connais-
sons d'eux! quelle différence de composition,
de noblesse, de grâce, de style, de pureté et
d'expression!.... Alors, craignant qu'il n'allât
se perdre dans quelque longue description ti-
rée de Pausanias, ou de quelqu'autre ancien,
je suis entièrement de votre avis, lui dis-je;
mais, puisqu'il nous serait inutile de regretter
ce qui est perdu sans espoir, parlons seulement de ceux que nous avons sous les yeux.
Je le veux bien, répondit-il, et commençons
par l'Ecole française.

Celui qui a comparé les Français aux Athé-
niens, avait très-bien saisi leur caractère; leur
génie est le plus susceptible de prendre toutes

(1) N° 546. Thomiris, reine des Scythes.

les formes et de parvenir à la plus grande perfection, qui exige de la chaleur, de la finesse, et de la grâce; mais aussi la mobilité de leur esprit, et la légèreté, je dirai même la versatilité qu'ils apportent dans leurs résolutions, les empêchent souvent de montrer tout ce dont ils seraient capables ; ce n'est pas tout-à-fait leur faute : les Périclès sont si rares ! Cependant il serait plus facile qu'on ne pense de faire renaître un siècle si digne d'admiration, et, depuis que nous avons une Académie, il me semble qu'on a fait précisément le contraire de ce qui devait naturellement nous y ramener : on dirige les arts et les artistes à l'opposé du but qu'on se propose; on ne veut voir que les talens qu'on croit perfectionnés; on traite avec rigueur le jeune homme qui se montre pour la première fois dans la carrière, et on pallie avec indulgence les fautes des maîtres; enfin il semble que le même esprit qui a présidé aux premiers jours de cette institution, et qui a causé la décadence des arts dans ce royaume, presqu'à leur renaissance, règne encore pour empêcher qu'ils ne se relèvent; cependant, je le répète, il serait bien facile de faire mieux; il ne faudrait qu'encourager l'étude, acheter des tableaux selon leur mérite, et non d'après la réputation bien ou mal acquise de leur auteur, et donner des récompenses, sans établir une hiérarchie envieuse, juge dans sa propre cause, et qu'on verra toujours constamment s'opposer aux progrès de ceux qui doivent les remplacer. Cette dissertation vous paraît déplacée, mais je ne peux m'empêcher de penser ainsi toutes les fois que le Poussin, l'une des premières victimes de l'Académie, vient se présenter à ma mémoire : combien n'en a-t-il pas souffert pendant sa vie, ce peintre sage et modeste, qui, par une constance inébranlable, sut enfin maîtriser la fortune! La France l'a réclamé depuis ; elle s'enorgueillit maintenant de le placer à la tête de son Ecole; mais que n'eût-il pas produit s'il n'eût rencontré d'obscurs dépréciateurs de ses talens, qui redoutèrent sa concurrence ? Voyez cependant ses paysages, dignes des anciens pour la grandeur et la majesté; voyez ses compositions historiques, pleines de pensées sublimes, d'expressions vraies et de costumes fidèles; enfin, pour dernier trait, voyez son Déluge, où il a épuisé la noblesse de la poésie et le touchant du pathétique, et mettez en comparaison, si vous l'osez, quelques-unes des productions de ses contemporains !...........

Pour moi, je suis persuadé que cet homme eût atteint une toute autre perfection, si, dès l'origine, reconnaissant ses heureuses dispositions, on lui eût donné des facilités pour l'étude et les encouragemens qu'il méritait ; car remarquez que la plupart des défauts qu'on lui reproche appartiennent tous à la manière dont il a été forcé d'étudier ; ses carnations sont grises et peu naturelles, parce que, dans sa jeunesse, il n'a pu que rarement consulter la nature dans cette partie ; son dessin est quelquefois lourd, parce qu'il a souvent étudié d'après des bas-reliefs antiques qui, ayant appartenu à des frises de monumens élevés, ont presque tous cette apparence ; mais la justesse des actions qu'il représente rachètent bien ces défauts, et dans les autres écoles, recommandables ou par un dessin plus pur, ou par un coloris plus brillant, aucun des peintres n'approche plus de l'idée qu'on peut avoir des anciens.

Après vous avoir entretenu du plus estimable des peintres français, vous ne vous attendez pas que je vous parle des autres : Le Brun, par exemple, dont les immenses tableaux présentent plutôt du fracas que de l'action, avec des pensées communes, un des-

sin incorrect et sans grâce, et une couleur
pesante, a joui pendant sa vie de toute sa
gloire, ainsi que la plupart de ses successeurs,
qui n'ont dû leur réputation qu'à l'intrigue.
Le seul entre tous qui ait laissé des regrets mérités, Lesueur, n'a pu, par les même raisons
que le Poussin, nous donner qu'une idée
bien imparfaite de ce qu'eût pu devenir son
talent; enfin des paysagistes, je ne veux vous
citer que le Lorrain : amant passionné de la
nature, il a peint la lumière avec une vérité
si parfaite et une magie de couleur tellement
inconcevable, qu'il fait encore la désolation de
ceux qui veulent l'imiter, sans rechercher,
comme lui, leurs modèles dans la nature. Pas-
sons maintenant à l'Ecole de Flandre.

· Une carnation vive et fraîche fait distinguer
les productions de cette Ecole brillante, et
parmi tous ses peintres, le premier et le plus
étonnant est, sans contredit, Rubens, mais le
désordre qu'on voit régner dans ses tableaux,
causé par la fougue de son génie, qui l'entraîna
dans une exécution trop rapide pour être cor-
recte, me font regretter que ce grand homme
n'ait pas fait plutôt le voyage d'Italie. L'étude
de ses Ecoles sévères eût tempéré en lui l'ar-

deur qui l'a souvent emporté au-delà des bornes de la sagesse et de la raison; cependant ses défauts, que je ne dissimule pas, ne l'empêchent pas d'être celui qui, pour l'étude de la couleur, mérite le plus d'être consulté par les jeunes artistes. Rembrandt, avec moins de furie, mais aussi peu de dessin et de modération, nous présente une magie de lumière sacrifiée, qui nous force de pénétrer jusque dans les endroits les plus obscurs de ses tableaux. Pour la légèreté, la délicatesse de la touche, et la fraîcheur argentine de ses fonds, David Teniers est inimitable; mais le genre ignoble de ses sujets et la bassesse de ses choix de nature le font réprouver par les gens de goût; et, pour ne pas nous arrêter plus long-temps devant cette École, je dirai d'elle que presque tous ses peintres, sans élévation et sans pureté, ont plus ou moins possédé le charme de la couleur, qui les rend précieux à ceux qui recherchent cette partie de l'art.

On chercherait vainement encore chez les Vénitiens et les Lombards une composition réglée et un dessin pur; mais on y trouve une certaine grandeur qui les remplace, et une couleur mâle et vigoureuse, pleine de chaleur et d'harmonie. Le Titien, qui a possédé au plus haut degré ces éminentes qualités, est aussi celui qui a le plus cherché à donner de l'expression à ses figures; et, s'il n'eût pas négligé le style et la pureté qu'il eût facilement trouvés par l'étude des anciens, il eût été bien près d'atteindre le but de l'art; telle était l'idée qu'en avait le Poussin, qui affectionnait particulièrement ce maître, et faisait de ses tableaux une partie essentielle de ses études. Le Giorgion, moins correct encore, et introduisant dans des sujets antiques les costumes de son temps, se fait remarquer par une force de couleur encore plus austère; et Paul Veronèse, plus brillant, sans être moins vigoureux, qui présente avec éclat une partie de ses tableaux, tandis que les autres, dans une lumière plus sourde, laissent cependant voir clairement jusqu'aux moindres détails, montre encore plus évidemment les défauts que nous avons signalés dans les premiers; enfin le Corrège, qui n'appartient à aucune École, ayant ignoré les beautés qui dépendent du balancement des lignes, de la noblesse de caractère, et du dessin, semble n'avoir pensé uniquement qu'à acquérir la qualité qu'il s'est appliquée si bien lui-même, en disant : « Et moi aussi, je suis peintre. » En effet, sa manière de peindre, suave et gracieuse, inspirée par la nature, dont elle conserve tout le charme, est un sujet d'admiration pour tous ceux qui ont des yeux, et d'étude pour tous les artistes qui aiment la peinture et désirent allier dans leurs productions la grâce du fini à la tendresse des carnations, sans perdre la force du modelé.

Il me reste à vous parler de la première de toutes les Écoles, de celle qui, pour la noblesse, la pureté et la vigueur, devrait servir de guide à toutes les autres, et donner les premières leçons ; tous ceux qui ont vu Rome seront cette fois de mon avis, et cependant il paraît généralement qu'on n'est pas encore bien persuadé de cette vérité fondamentale ; à cette occasion, je me rappelle une anecdote que je vais vous raconter : Un vieux peintre, retiré dans une petite ville de province, se plaisait à transmettre toutes ses connaissances à l'un de ses élèves, auquel il avait reconnu des dispositions ; les parens du jeune homme, voyant ses progrès, résolurent de l'envoyer à Paris pour s'y perfectionner : il prend donc place

2 *

sur l'impériale d'une diligence , et part ; son maître l'attendait à la porte de la ville; et, courant après la voiture autant que ses forces pouvaient le lui permettre, il lui criait, tant qu'il fut à portée de l'entendre : « Mon enfant, si « tu veux être bon peintre, n'oublie pas ma « manière ,...... surtout n'oublie pas ma ma- « nière..... » *Quid rides?* C'est là l'histoire de notre Académie. Elle exige des élèves qu'elle envoie étudier en Italie un talent tout formé avant leur départ ; aussi ne rapportent-ils souvent , pour fruit de leur voyage , qu'une amélioration dans leur goût , et jamais un changement qui pourrait tendre au perfectionnement de l'art.

Mais revenons à l'Ecole romaine : tous ses peintres méritent plus ou moins les éloges que je me suis plu à leur donner ; mais, comme je n'ai parlé que des plus célèbres des autres Ecoles, je ne vous citerai de celle-ci que Raphaël : chacun de ses tableaux est d'un dessin pur, et chaque sujet , traité d'une manière différente, atteste qu'il était maître de tous les effets ; toutes ses têtes sont belles, expressives et variées ; on remarque dans toutes les parties de ses tableaux un fini parfait, sans être trop précieux , et partout, guidé par un heureux

choix de belle nature , il sait conserver le gran-
diose de la tournure et le sublime de la pensée ; ce serait le peintre dans toute la perfection , s'il eût pu joindre à tous ces avantages
un meilleur coloris et un style plus épuré dans
ses draperies , qui d'ailleurs sont ajustées avec
beaucoup de grâce et de goût, et portent l'em-
preinte d'un grand caractère.

Voilà sincèrement ce que je pense , et vous
pouvez voir qu'aussi loin de me faire illusion
sur les défauts des maîtres , que de les mé-
priser à cause de ces mêmes défauts , et de
chercher à les déprécier , je ne veux voir en
eux que les qualités qu'ils possèdent, en re-
grettant néanmoins qu'ils ne les aient pas eu
toutes ; et, pour vous développer davantage ma
pensée , je vais terminer par une réflexion qui
n'est pas nouvelle, mais dont la conclusion
seule m'appartient : je crois que, s'il était
possible qu'un tableau, composé par un artiste aussi savant que le Poussin , eût la pureté de dessin de Raphaël, la grâce de pinceau du Corrège, la vigueur du Titien , et la
légèreté de couleur de Rubens , il approche-
rait beaucoup de l'idée que je me plais à me
former d'une production d'Apelle. A ces
mots il se leva pour se retirer ; et, me serrant

fortement la main, il me dit avec une expression qui me fit éprouver un certain frémissement: Ah! mon ami, si les Grecs avaient su peindre à l'huile!

## SECOND ENTRETIEN.

Connaissant, par cette première conversation, toute la sévérité de critique du comte de Y***, j'étais résolu à ne plus le revoir, et j'étais parvenu même à éluder plusieurs fois sa rencontre, quand un jour de la semaine dernière, me trouvant à huit heures et demie du matin au salon, devant un tableau que j'examinais avec plaisir, je me sens frapper doucement sur l'épaule; je me retourne, c'était lui-même: je ne fus pas maître, je l'avoue, de cacher mon émotion; j'avais vu plusieurs artistes errer autour de leurs productions; M*** y était aussi, sans doute, pour s'instruire du bien que l'on dit de ceux qui sont en faveur: je balbutiai quelques politesses mêlées d'excuses vagues qui furent sans effet: puisque je vous rencontre si heureusement disposé, me dit-il, je ne vous quitte pas d'aujourd'hui; il faut, mon ami, que je me dilate avec vous; il est si rare de trouver des gens avec lesquels on puisse parler à cœur

ouvert ! N'ayant pas le courage de refuser, je
lui proposai seulement, pour éviter ce que je
craignais, de pénétrer plus avant dans la
grande galerie : Volontiers, me dit-il; nous
serons plus tranquilles, et nos réflexions pourront avoir plus de suite que dans le tumulte;
mais la vue des tableaux qui y sont ne sera
pas, je pense, très-favorable à ceux-ci ; n'im-
porte, si les artistes entendaient bien l'intérêt
de leur propre gloire, ils n'écouteraient que
ceux qui, pour les juger sévèrement, éta-
blissent de telles comparaisons, et même exi-
geraient encore plus. Nous allâmes donc jusqu'à la dernière salle où, nous trouvant seuls,
M. le comte continua ainsi : La dernière fois
que je vous ai entretenu, je préludais au jugement des peintres de nos jours, en vous présen-
tant en aperçu ce que je pensais sur ceux qui
se sont illustrés pendant et depuis le siècle de
Léon X. Vous avez trouvé, sans doute, ma
critique trop sévère, et vous pensez que des
maîtres, qui font l'admiration de l'Europe,
mériteraient plus d'égards ; mais savez-vous
ce qu'il résulte de l'indulgence qu'on accorde
aux faiblesses de ces grands hommes, et de
tant d'autres que je n'ai pas cités parce qu'ils
leur sont inférieurs ? On s'accoutume à tolérer

des défauts encore plus grands dans ses contemporains, et, loin de leur montrer la route
par laquelle ils doivent marcher pour s'élever
au sublime, on les encourage à ramper ser-
vilement sur des traces qu'ils n'auraient jamais
dû suivre. Maintenant voulez-vous savoir ma
manière particulière d'asseoir un jugement ?
la voici : Lorsque je suis devant un tableau,
je m'entoure, en idée, de quelques statues antiques, telles que la Diane, le Bacchus, l'Es-
culape, le Génie funèbre ou le Gladiateur ; je
me transporte à Athènes, je me rappelle les
poëtes anciens, je recherche comment leurs
artistes eussent traité le même sujet, je pense
à la nature, j'examine ensuite, et je juge.......
Ce serait aussi, je crois, la manière dont un
artiste devrait composer, dessiner et exécuter
ses tableaux, pour plaire dans tous les temps :
or, pour atteindre ce but, il n'y peut parvenir
que par l'étude, d'abord de l'antiquité, qui
lui donnera le goût de dessin, et la connaissance des mœurs, des usages, des costumes,
le style enfin qui caractérise chaque peuple ;
ensuite de la nature qui, bien choisie, lui ap-
prendra le reste. Alors sa composition lui
méritera le suffrage des savans ; un dessin
pur et correct lui attirera l'estime et l'admi-

ration des connaisseurs, et , par une couleur brillante et vraie, il appellera les regards et captivera l'attention de tous.

Voyons à présent si l'Ecole moderne peut répondre à ces trois questions, que le Public a droit de lui faire.

———————

Une nouvelle direction, sous la conduite d'un artiste distingué, doit faire prendre aux arts une route nouvelle, et réaliser des espérances d'autant mieux fondées qu'on peut déjà s'apercevoir de ses heureuses influences : on ne rencontre plus guère de ces misérables productions qui nous faisaient gémir ou sur l'ignorance ou au moins sur l'excès de complaisance qui les avait admises, et l'aspect général produit un effet plus brillant et plus varié que les précédentes expositions : on voit que chacun peut se livrer maintenant à l'impulsion de son génie, soit dans le choix du sujet, soit dans la manière de l'exécuter. De cette liberté, l'émulation doit nécessairement renaître, si, comme on l'assure, d'honorables encouragemens sont destinés à ceux qui les auront mérités par leurs travaux. Eh ! quel Français , connaissant la tendre sollicitude et la munificence du Monarque; ami des sciences et des arts, que le Ciel nous a rendu, pourrait douter de l'exécution de tout ce qui doit accroître la gloire de la France?

## M. le comte de FORBIN.

Après vous avoir entretenu des premiers résultats et des soins de M. le directeur, il me semble naturel de vous parler de ses ouvrages. Je regrette bien que vous n'ayez pas vu son tableau ( nº 334 ), représentant *la première éruption du Vésuve*; il est de l'effet le plus vigoureux et le mieux senti; l'horreur qui accompagna cet affreux désastre, si bien décrit par Pline le jeune, y est peinte avec une grande énergie : le foyer du volcan éclaire seul cette scène funeste, et se reproduit dans une mer de feu qui s'étend au pied de la montagne; les villes enflammées par les torrens de laves qui se répandent autour du cratère; les pluies de soufre, de cendre et de roches embrasés, qui menacent de tout anéantir par leur chute; la lune, au haut du ciel, à peine visible dans les tourbillons de fumée; au second plan, un temple où courent se réfugier les malheureux habitans, et d'où l'on voit fumer l'encens des sacrifices;

enfin, sur le devant, Pline le naturaliste, entouré de ses amis, dictant à son affranchi les remarques qu'il faisait sur ce phénomène, vous donneront une idée de ce tableau, en attendant que l'auteur lui assigne la place qu'il mérite d'occuper.

Un autre tableau (n° 333) peut nous faire juger de son talent : c'est *la sentence de mort lue à une religieuse dans les cachots de l'inquisition*. L'effet mystérieux que produit la lumière précipitée d'aplomb sur les figures, rappelle, pour l'effet, les meilleurs tableaux de l'École de Flandre, dont il soutiendrait la comparaison avec avantage : je sais bien qu'un peu plus d'étude dans le dessin des figures ne ferait qu'ajouter à son mérite, mais la composition, qui exprime parfaitement le sujet, l'intérêt qu'on prend au drame qu'il représente, font oublier ses défauts, pour ne s'occuper que du charme qu'il produit, et mettent, sans contredit, cette production à la tête des ouvrages du même genre qui ornent le salon.

## M. GUÉRIN.

L'auteur d'Hippolyte et de Marcus Sextus est, de tous les peintres modernes, celui qui sait le mieux mettre en scène ses personnages,

et composer ses tableaux avec des lignes,
souvent heureuses, et une disposition toujours
simple : cette fois un sujet encore plus tranquille lui a permis de ne développer aucune
espèce d'action extérieure; les regards seuls
doivent exprimer les mouvemens de l'âme.
*Enée raconte à Didon et à sa sœur les mal-*
*heurs de Troie, et l'Amour, sous les traits*
*d'Ascagne, dispose la reine à écouter favo-*
*rablement le prince fugitif* ( n° 399 ). En
pensant à l'Antiope du Corrège, que nous
avons sous les yeux, je pourrais y désirer
quelque chose pour le modelé et la vérité du
coloris : d'un autre côté, dans Virgile, le héros peint, avec plus de force, les évène-
mens dont il fut le témoin et l'acteur; il pourrait, dans ses ajustemens, offrir un style
plus noble et plus digne des temps héroïques;
mais la grâce, la douceur et la finesse qui
règnent dans toutes les parties de cette composition, un parti bien senti, et que personne
n'avait encore osé traiter de cette manière,
ferment la bouche à la critique, et lui font
avouer que, parmi les tableaux d'histoire, c'est
la production la plus parfaite de l'exposition.

Dans le second tableau du même peintre
(n° 398), représentant *Clytemnestre, hésitant*

*au moment de plonger le poignard dans le sein de son époux* ; je ne retrouve pas, il est vrai, la sublimité de la muse tragique ; Egiste ne conserve pas assez de dignité pour diriger et faire exécuter son crime par la femme d'Agamemnon , qui doit agir par une impulsion plus puissante ; la vérité du fait historique n'est pas respectée; le dessin est faible ; mais un effet piquant et nouveau , une grâce de pinceau et une harmonie douce, ménagés avec beaucoup d'art , joints à l'expression qui , si elle n'est pas assez forte, n'en est pas moins rendue avec beaucoup de sentiment, donnent la preuve incontestable que les scènes touchantes, les actions qui émeuvent et attendrissent, sont dignes du talent de M. Guérin.

## M. GROS.

Ma critique, jusqu'ici, ne doit pas vous paraître trop sévère, et vous verrez encore, par la suite, que je me plais toujours à rendre la justice la plus exacte; mais, comme je désire sincèrement le progrès des arts, je ne dois rien dissimuler de ce que je pense : je dirai donc que je m'attendais à toute autre chose du tableau représentant le *Départ du*

*Roi pour Gand* ( n° 392 ). Jamais, pour l'expression, aucun sujet n'a été plus digne du talent auquel il avait été confié; il ne fallait que consulter son cœur, et penser à un père forcé de s'éloigner de ses enfans, pour rendre cette scène intéressante; et généralement on trouve que, même pour la couleur, on a de la peine à reconnaître l'auteur de François I^er et Charles-Quint; ses portraits ont le même désavantage, principalement du côté du dessin; mais il faut espérer qu'à la première occasion, le premier coloriste de notre École prendra noblement sa revanche.

## M. GÉRARD, n^os 373 et 374.

On se persuade difficilement aussi que le beau talent de M. Gérard ait pu produire le portrait *de S. A. R. Monsieur*, quand on y remarque une attitude gênée, un dessin roide, une couleur dure et qui manque d'harmonie : on le reconnaît mieux dans celui de *Mgr le duc d'Orléans.* Une telle tournure , un fini suave, un effet vigoureux, une exécution facile, laissant encore quelque chose à désirer dans le dessin et dans les formes, que je trouve trop arrondies, et une dégradation de lumière bien sentie, y sont la preuve d'un grand talent :

cependant pour le tableau de Henri IV, que
nous n'avons pas encore, je ne croirais pas
inutile de rappeler à M. Gérard que celui
qu'il doit remplacer avait, dans son aspect,
une teinte un peu noire, qui nuisait à l'effet
qu'il aurait dû produire.

## M. ABEL DE PUJOL.

*S. Etienne prêchant l'Evangile* (n° 1.) Toutes
les personnes que j'ai entendu disserter sur
ce tableau se sont accordées à y trouver beaucoup de mérite, et, je l'avouerai, je ne par-
tageais pas d'abord cette opinion : mais, si l'on
veut envisager cet ouvrage comme donnant
l'espoir du talent que l'artiste peut et doit acquérir, joint à tout ce qu'on y remarque d'heureuses dispositions , dans cette hypothèse je
dirai franchement mon avis : la composition
ne me paraîtrait pas assez sage, si le sujet était
tranquille, et elle n'est pas assez tumultueuse
pour le moment choisi ; une lumière centrifiée
eût appelé les regards sur le principal per-
sonnage ; une couleur plus légère et exempte
de dureté, une harmonie plus douce eussent
été plus agréables et eussent mieux laissé pénétrer dans le tableau ; mais on y trouve une
grande habileté d'exécution, et la vigueur qui

accompagne la jeunesse. L'étude des anciens
pour la composition et le goût, et celle des
coloristes pour le clair-obscur, peuvent nous
donner un peintre qui contribuera à la gloire
de son siècle.

## M. BLONDEL.

Ces réflexions ne sont pas exclusivement
applicables à ce seul tableau, et plusieurs
sont aussi susceptibles de les faire naître. En
général les peintres devraient prendre garde
de s'abandonner à la facilité qu'on voit qu'ils
ont acquise en produisant des ouvrages éphé-
mères ; ils devraient craindre davantage de
survivre à leurs succès. *La Mort de Louis XII,*
de ce bon roi, si vivement regretté par tout
son peuple, promettait une scène de douleur
vraiment pathétique. L'artiste, de ce côté, a-
t-il rempli la tâche qu'il s'était imposée, et
peut-il se flatter que des étoffes riches, un
fini gracieux, une touche facile et délicate,
puissent dédommager de l'expression du dessin
et de l'effet général ? je ne le pense pas, et je
l'engagerais à employer son talent à les étudier davantage, pour s'acquérir l'estime des
gens de mérite qui, s'ils ne parlent pas le
plus haut, raisonnent le plus long-temps.

## M. ROUGET.

Un ouvrage n'est pas meilleur pour avoir été prôné d'avance par des amis indiscrets, et je voudrais que les artistes pussent se passer de ces réputations d'atelier qui, naturellement, doivent rendre le public d'autant plus sévère, qu'il s'attend à trouver plus encore qu'on ne lui avait promis. *La Mort de Saint Louis* ( n° 673 ) a cependant de quoi satisfaire ceux qui aiment les tableaux d'apparat, c'est-à-dire ces ouvrages qui, par des couleurs vives, sont toujours sûrs d'attirer les regards de la multitude, et semblent, par la manière dont ils sont traités, appartenir plutôt au talent du décorateur qu'à celui du peintre d'histoire; mais moi, je désirerais que cette habileté fût subordonnée aux études premières de la composition, du dessin et de l'expression; et, quoique je ne dise pas que le tableau dont nous parlons soit dépourvu de toute autre espèce de mérite, j'exprime seulement ma crainte de voir tourner entièrement l'Ecole vers le matériel de l'art, en méprisant les principales qualités qui seules peuvent la rendre digne de l'inflexible postérité.

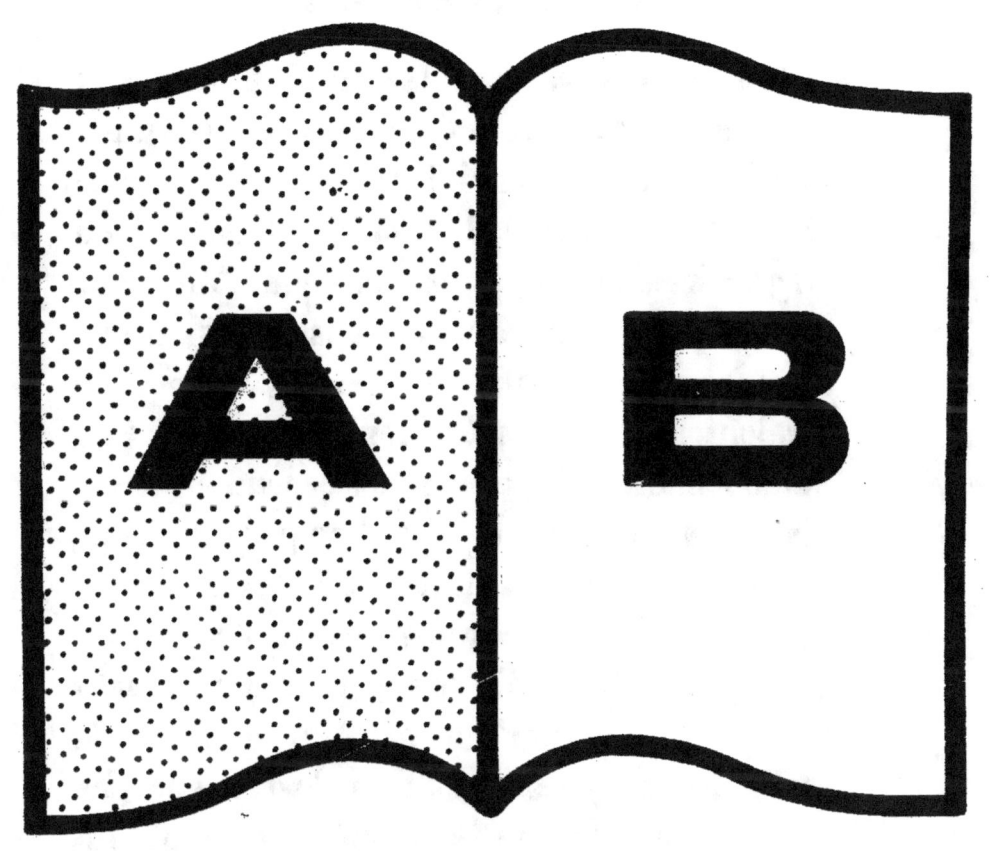

Contraste insuffisant

**NF Z 43**-120-14

## M. MAUSAISSE.

Il en est encore de même de M. Mausaisse ; et je ne voudrais, pour appuyer mes critiques, que les éloges qu'on lui prodigue : principalement son tableau de l'*Arioste surpris par les brigands* ( n° 564 ) est ce que l'on peut donner pour l'abus des moyens séduisans qui remplacent le véritable mérite ; les personnages seraient la plupart très-bien placés dans une bambochade, et conviennent cependant assez bien au sujet ; mais le héros ! ne pouvait-il pas être moins roide et mieux dessiné, surtout les jambes et le bras droit ? ses ajustemens ne sont-ils pas d'un effet mesquin et hors d'harmonie, quoique d'une habileté rare ? et la facilité qu'on y remarque ne devrait-elle pas encourager l'artiste à acquérir ce qui lui manque ? *Le Baptême de Clorinde* ( n° 563 ) est une preuve que l'auteur peut faire beaucoup mieux que de chercher à nous éblouir ; et cette dernière production le fait ranger dans la classe de ceux qui, avec de l'étude, peuvent nous faire concevoir les plus grandes espérances.

## H. VERNET, n° 772.

On voit par la facilité avec laquelle les combattans sont mis en action, que ce n'est point le talent de composition qui a dû manquer à l'auteur, mais seulement le temps et la réflexion : ce n'est point ici une bataille, ce n'est qu'une simple escarmouche ; Mahomet n'est point au centre de son armée, il paraît entièrement isolé, et cependant, avec des devants aussi heureusement disposés, il eût été facile de présenter plus distinctement dans les fonds les lignes d'une bataille telle qu'a dû être celle de Tolosa ; au reste ce tableau est exécuté avec une habileté et une légèreté qui font regretter que la couleur ne soit pas un peu plus solide ; il me semble encore très-inconvenant qu'un homme tout nu, et d'une nature qui d'ailleurs n'est guère faite pour plaire, se trouve dans la mêlée en opposition aux armures les plus impénétrables ; il serait à craindre que, lorsque l'artiste n'a voulu que faire preuve de talent, aux dépens de la pensée, il n'ait prouvé précisément le contraire de ce qu'il se proposait ; je conclus donc que ce jeune peintre, en maîtrisant sa fougue, doit

3*

ajouter un nouvel éclat à un nom déjà si connu dans les annales des arts.

## M. COUDER.

Un pinceau suave et une harmonie douce, une lumière répandue avec discrétion, donnent au tableau du *Lévite d'Ephraïm* (n° 176) un aspect très-avantageux, et me font concevoir les plus heureuses espérances ; néanmoins, en pensant au parti que le Poussin eût pu tirer de ce sujet pour le sentiment, on voudrait peut-être une expression plus forte dans le Lévite, et plus d'abandon dans la figure de la femme. Ce peintre reproduit, dans un petit tableau de chevalet, une de ces scènes faites pour intéresser ( n° 177 ). Elle est traitée avec beaucoup de goût et une exécution agréable. Ce joli tableau doit plaire aux vrais amateurs de l'art.

## M. LAIR.

Un tableau destiné à décorer une église doit jouir d'un grand avantage : placé dans le lieu saint, on ne l'aborde qu'avec un esprit de recueillement qui ne peut que lui être extrêmement favorable, s'il s'accorde avec l'émotion qu'éprouve déjà le spectateur. *La Vocation*

*de Sainte Glossinde* ( nº 468 ) est bien traitée
dans cet esprit qui convient aux tableaux de
religion ; un effet vigoureux qui rappelle les
anciens maîtres, une lumière douce, harmo-
nieuse et pleine de chaleur, un dessin ferme,
une composition balancée avec art, des expressions justes , enfin une perspective sa-
vamment conduite, voilà les éloges que mérite cette production, que je me plais toujours
à considérer avec un nouveau plaisir. Cependant je croirais que, dans certaines parties
de l'ajustement des femmes, il pourrait y avoir
plus d'ampleur. *S. Vigor enchaînant un
dragon avec son étole* ( nº 467 ) présente,
avec une vigueur peut-être un peu trop générale, un draper plus large, une originalité
frappante, et une étude sévère, qui prouvent
que cet artiste est dans la bonne route.

## M. HEIM.

Ces tableaux me rappellent la bonne École de
Rome ; et, sans parler du *Philopator* ( nº 412 )
qui a moins de solidité, dans celui de *Jacob*,
*auquel on présente la robe de son fils Jo-*
*seph* ( nº 413 ), on reconnaît, par le sentiment,
la force d'expression et de caractère, le peintre
qui a étudié avec fruit en Italie ; il ajou-

terait cependant encore beaucoup au mérite
de ses ouvrages, s'il pouvait joindre à ces
qualités premières cette chaleur de ton locale
qui caractérise les peintures de l'Ecole Vé-
nitienne.

## M. SMITH.

*Une Sainte Famille* ( n° 707 ) présente
aussi les fruits de l'étude des anciens maîtres ;
on y trouve un dessin ferme, de la correc-
tion et de la vigueur ; un peu plus de grâce
dans le modelé, et plus de chaleur dans le
coloris, pourraient faire soutenir à ce tableau
la comparaison des chefs-d'œuvre qui ont
inspiré son auteur.

## M. DROLLING fils.

*La Mort d'Abel* ( n° 256 ) est encore digne
de remarque ; l'exécution est hardie et pourtant soignée ; le dessin étudié, la tête d'Abel
surtout et son torse me paraissent d'un
meilleur choix de nature, d'une étude plus
heureuse que le Caïn, qui, d'une stature
trop petite, a cependant beaucoup d'expression et de force. La couleur est la partie
faible de ce tableau, et le ton des devants ne
contribue pas peu à en détruire l'effet.

## M. DE DREUX DORCY.

Le mot de l'énigme est *Dermide rêvant encore à la vengeance et à ses projets ambitieux, près de son fils endormi sur un tombeau* ( n° 210 ). Ce tableau, qui rappelle et fait regretter le style et la lumière qu'on se plaisait à admirer dans *Bajazet* et le *Berger*, ne donne guère l'idée des héros d'Ossian ; la couleur aérienne et poétique du Barde est remplacée par un ton lourd et égal ; il y a pourtant une certaine vigueur et une exécution large, qualités assez rares, qui font désirer de les voir appliquer à un choix de sujets plus heureux et plus compréhensibles.

## M. ANSIAUX.

Vous trouverez bon que je ne vous parle pas de ses autres tableaux, puisque celui - ci ( n° 6 ) est, de l'avis de tout le monde, le meilleur à tous égards. — *Le Poussin présenté à Louis XIII par le cardinal de Richelieu* est d'une composition sage ; les personnages sont représentés avec la dignité qui convient au sujet ; il y a plus de solidité qu'on n'en remarque ordinairement dans les tableaux de ce peintre. L'idée d'apporter devant

le roi le testament d'Eudamidas est heureuse ;
cependant l'harmonie des couleurs pourrait
être plus douce et la lumière plus centrifiée.
Quant à l'anecdote qui a donné le sujet de
ce tableau, elle me fait naître une réflexion :
n'est-il pas surprenant que le Poussin, assuré
de la protection du monarque, jouissant de
la faveur d'un ministre tout puissant, accueilli
comme son talent le méritait, et décoré du
titre de premier peintre du roi, n'ait pu résister aux sourdes menées de ses envieux ?

## M. BAUNIER.

Une pensée poétique peut faire naître un
joli tableau, et, sous ce rapport, l'idée du
*premier Navigateur inspiré par l'Amour*
( n° 28 ) ne présente qu'une image riante
et faite pour plaire. Les anciens n'auraient
peut-être pas assis l'amour au-dessous du
jeune homme auquel ils auraient donné une
expression plus décidée de timidité ou d'audace, et des formes plus belles et plus juvé-
niles ; mais l'enfant, bien érotique, atteste l'é-
tude des maîtres, et l'ensemble de ce tableau
d'un aspect gracieux me fait regretter de
n'avoir pas à vous entretenir de quelque chose
de plus considérable, qu'on avait droit d'at-

tendre d'un talent qui s'est déjà fait remarquer.

## M. LANGLOIS.

Les sujets que choisit cet artiste ne sont pas
à son avantage : *Déjanire enlevée par le Cen-
taure Nessus* ( n° 479 ). Si l'on se figurait ce
tableau traité par les Grecs, on verrait une
composition de lignes heureuses et variées,
des formes athlétiques vigoureusement colo-
riées, en opposition avec des formes gracieuses
et d'une couleur tendre et transparente, jointes
à des expressions fortes et passionnées, et le
Guide est encore un concurrent dont ce peintre
aurait dû redouter la comparaison. *Cassandre,*
( n° 478) présente un effet de lumière toujours difficile à rendre vrai dans le genre historique, car il aurait fallu sacrifier tout le
tableau à la flamme qui semble éclairer cette
figure d'étude, dont la partie supérieure est
mieux dessinée que le reste : la cuisse et la
jambe droite ne répondent pas au mouve-
ment du torse ; la couleur, d'un rouge brique,
n'est cependant pas dénuée de vigueur. Dans des
sujets mieux choisis et d'un effet plus vrai,
il faut espérer que ce peintre méritera les
suffrages dus à son talent.

## M. LAFOND.

C'est toujours à côté du nom des anciens que j'inscris sur mes tablettes ceux de nos modernes, qui choisissent leurs sujets dans l'antiquité. *Énée sur le mont Ida* (n°. 463), *au moment où il jette un dernier regard sur sa patrie*, est bien fait pour reporter la pensée vers les siècles héroïques, si bien célébrés par les poètes et si dignes d'inspirer les peintres. M. Lafond, heureux dans le choix du sujet, ne s'est peut-être pas élevé à sa hauteur; on voudrait trouver un dessin plus noble, plus de force, plus de sublime dans l'expression, plus d'harmonie dans la couleur et plus d'effet dans l'ensemble; cependant ce tableau, d'une étude sévère, fait honneur au goût de l'artiste et doit l'encourager à faire de nouveaux efforts.

## M. VAFFLARD.

*Sainte Marguerite chassée de la maison paternelle* (n° 731 ). Sans examiner ce tableau sous le rapport de sa destination, je n'en parlerai que relativement aux différentes parties de l'art. Le père, d'une proportion trop forte pour les autres figures, est dans une

attitude forcée ; la Sainte n'a pas la grâce et
la beauté qu'on pourrait souhaiter ; il règne
de la confusion dans ses compagnes et une
dureté de ton et de couleurs qui nuit beaucoup à l'effet. Dans cet autre tableau ( n° 732),
d'une exécution hardie et peu cohténue, on ne
reconnaît pas le *fils de Vénus* et *la belle
Didon,* qui par leurs amours ont illustré le poète
de Mantoue ; et je conseillerais à ce peintre
plus d'étude dans le dessin, plus de naturel
dans les poses, plus de sagesse dans la distri-
bution des lumières et d'amour dans l'exécution, et je lui garantirais des succès mérités.

## M. GRANGER.

Un fini trop précieux montre plus évidemment les incorrections de dessin, et entraîne
souvent après lui une froideur qui nuit à l'effet
et à la beauté du coloris : tels sont les reproches
qu'on adresse avec raison aux peintres an-
térieurs à Raphaël. Le tableau d'*Apollon et
Cyparisse* ( n° 384 ), où l'on remarque une
grande pureté d'exécution, mériterait, sans
doute, l'application de quelques-unes de ces
observations ; mais il est certain, en même
temps, que cet artiste, qui s'est trop plu à
caresser un sujet gracieux, pourra nous don-

donner beaucoup mieux pour l'effet, s'il peut prendre sur lui d'être moins exigeant pour lui-même du côté de la perfection manuelle.

## M. TREZEL.

*S. Laurent refusant de sacrifier aux faux Dieux* (n° 726). Le choix du sujet est très-heureux ; l'expression des passions qui doivent agiter diversement les acteurs, et les costumes différens qu'on peut y introduire, le rendent extrêmement pittoresque. Je regrette que le peintre n'en ait pas tiré tout le parti qu'on pouvait désirer, qu'il y ait répandu une couleur grise, sans vigueur et sans harmonie, et qu'il n'ait pas assez centrifié la lumière, comme son ordonnance, qui est très-bonne, lui en donnait les moyens.

## M. CAMINADE.

*Le Repos en Egypte* (n° 137). Une terre brûlante, sous un ciel de feu, des carnations animées, un groupe composé de figures expressives : c'est ainsi que le sentiment touchant d'une mère sauvant son fils d'un imminent danger se présente à mon imagination. C'est ainsi que le fameux Titien aurait rendu cette intéressante scène: M. Caminade

ne l'a point envisagé sous ce point de vue ; il
y a cependant de la sagesse dans sa composition, de la douceur dans la physionomie
du tableau, mais plus de chaleur et une lumière moins répandue ne nuiraient pas, je
pense, à son effet.

### M. HERSENT.

Le tableau ( n° 415 ) est bien digne du
poète qui l'a inspiré. On y retrouve cette sim-
plicité, cette grâce naïve qui caractérisent
*Daphnis et Cloé*, et rappellent les temps antiques. *Louis XVI distribuant des secours
pendant l'hiver de* 1788 (n° 414). Cette scène
touchante de la bonté d'un roi qui, dans une
saison rigoureuse, allait visiter le pauvre et
répandre sur lui ses bienfaits, a été rendue par
le même peintre avec beaucoup de sentiment.
Toutes les têtes, variées, expriment la re-
connaissance, et sont d'une grande vérité ; le
costume y est traité d'une manière heureuse ;
je suis fâché seulement de n'y pas voir un
effet qui aurait reposé l'œil sur la scène principale.

### M. NIQUEVERT.

*Henri IV au siège de Paris*, ou *la Bourse
du Béarnais* ( n° 593 ). La première vue de ce

tableau ne séduit point, et sa couleur a même
quelque chose de rude et d'austère ; mais, en
le considérant avec attention, on y trouve une
bonne composition, des expressions justes et
de la vérité ; les fonds, qui représentent la
ville de Paris, me rappellent que j'ai vu de
cet artiste des paysages historiques d'un style
élevé, et je regretterais bien qu'il quittât un
genre dans lequel il me semble qu'il doit se
distinguer.

## M. DUCIS.

*François I<sup>er</sup> armé chevalier par Bayard*
(n° 274). Il y a de la noblesse dans l'attitude
du Roi et de l'élévation dans Bayard, mais
je voudrais plus de ressemblance dans les
portraits, un dessin plus sûr, et plus de force
dans la couleur, qui est pourtant très-harmo-
nieuse ; ce tableau d'ailleurs, d'un costume
fidèle, présente un air de fête chevaleresque
qui reporte très-bien au temps.

## M. DESTOUCHES.

Une bonne composition, des proportions
justes, et une couleur agréable, donnent un
bon aspect au tableau (n° 247) représentant
le même *François I<sup>er</sup> accordant à Diane de*

*Poitiers la grâce de son père*; il y a de la naïveté dans la jeune suppliante; dans le roi, de la bonté et de l'intérêt, et une grande clarté dans l'exposition du sujet : toutes ces qualités me font désirer encore plus vivement que les têtes et les mains soient terminées davantage, et plus sévèrement étudiées.

## M. SIMON.

J'ai distingué, parmi les petits tableaux, un de ceux qui représentent *la Reine à la Conciergerie* (nº 701.) Elle jette vers le ciel un dernier regard plein de résignation, et de cette véritable grandeur qui sait pardonner ; sa douleur est rendue avec noblesse; il y a beaucoup de dignité dans la pose ; et ce tableau, exécuté avec vérité et délicatesse, doit intéresser vivement les âmes sensibles.

## M. DUBOST.

Tandis que j'examinais le tableau *du Joueur dépouillé* (nº 267), qui est traité d'une manière si froide et si peu pittoresque, on disait à mes côtés : Ce peintre réussit mieux en petit. Je suis donc allé voir sa *Pénélope* (nº 269); et en effet, quoiqu'il soit encore assez faible de couleur et d'harmonie, je le préfère à ses grands tableaux ; mais ce qui plaît généralement le plus, c'est sa *Promenade à Hyde-Park* ( n° 271 ) ; et, sans vouloir donner de préceptes à personne, je croirais qu'il serait prudent de s'en tenir au genre qu'on affectionne le plus, si l'on veut parvenir à une certaine perfection.

## M. GAILLOT.

*Cornélie, mère des Graques* ( n° 347 ). Le coloris et le clair-obscur sont les parties faibles de ce tableau, dans lequel je trouve aussi quelques incorrections de dessin ; mais il est composé de manière à mériter qu'on encourage l'artiste à faire des études sérieuses, qui répondent à l'heureux choix de sujets qu'il semble nous promettre, et au talent de peindre qu'il possède.

Gil Blas disait à l'archevêque de Grenade une grande vérité, dont il fut bien puni : un petit tableau de M. Dunant ( n° 294 ) et un dessin ( n° 159 ) retracent encore mieux ce trait, qui peut servir de leçon à ceux qui ont à parler à l'amour-propre des auteurs ; aussi je ne conseillerais à aucun journaliste de dire, par exemple, à M. de Boifremont, dont le pinceau est moëlleux et la couleur transparente ; qu'il nous donnait jadis des tableaux d'un meilleur goût de dessin et d'un coloris plus vrai; à M. Berthon, qu'il eût mieux fait de ne pas mettre le *Jugement de Páris* ( n° 57 ) en regard avec le *Songe d'Oreste* ( n° 56 ), qui a plus de vigueur et d'effet; à M. Meinier, que ses tableaux ne sont plus pour l'étude comme ses *Muses* et sa *Nymphe Calypso* ; à M. Monsiau, qu'on ne peut citer de lui que *Saint Vincent de Paule* ( n° 584 ), qui présente , dans une composition simple, un grand degré d'intérêt ; à M. Lebel, que son sujet seul intéresse ; à M. Queilard, que ses premières études promettaient un style sévère, et que son coloris pourrait être plus agréable ; enfin à tous ceux qui sont déjà renversés dans leurs fauteuils, qu'il est bien temps qu'ils se reposent.

## PORTRAITS.

Les peintres d'histoire nous donnent souvent des portraits en pied ou en buste , mais j'ai négligé de vous en parler, parce que leurs tableaux présentent plus d'intérêt; je vais y revenir pour ceux qui n'ont exposé que de ce genre d'ouvrage, plus lucratif que glorieux.

M. Paulin Guérin se fait remarquer par une suavité de pinceau, une douceur, une harmonie parfaite, qui laissent cependant désirer un peu plus de fermeté dans le dessin ; et, en me rappelant les remords de Caïn, j'attendais de lui des ouvrages plus considérables que le livret nous promet, et qui, d'après son début, ne peuvent manquer de faire beaucoup de plaisir. M. Dubois, avec une touche facile et un ton vigoureux qui rappelle l'Ecole flamande, doit craindre de tomber dans une manière sèche, qui l'éloignerait de l'étude de la nature pour la couleur et le dessin. M. Descamps, ainsi que la plupart de ceux qui ont donné des portraits en pied, n'ont pas réussi à répandre beaucoup d'intérêt sur ce genre, naturellement froid et sans action : M. Robert Lefevre lui-même, qui jouit d'une grande réputation, n'a pu éviter cet écueil ; enfin, dans le grand nombre, à peine en pourrait-on citer une douzaine, tels que ceux de MM. Brâle, Bégasse, Rouillard, et quelques autres. Cette multitude de portraits me fait souvenir qu'on avait promis de n'en admettre que deux de chacun des artistes, et qu'on devait leur faire les honneurs d'une salle séparée, qui en aurait reçu la dénomination ; j'approuvais fort cette mesure, qui me paraissait favorable au public pour ne pas le fatiguer par la présence d'objets peu intéressans pour lui, et à l'artiste, pour le faire connaître de ceux qui désirent employer son talent.

## TABLEAUX DE GENRE.

Comme on distingue le tableau d'histoire ancienne ou de style, qui exige de l'expression et de l'étude, du tableau d'apparat ou à effet, dont j'ai parlé, en déplorant le malheureux penchant qui pourrait entraîner l'Ecole vers le faux clinquant et la décoration, de même le genre se divise en plusieurs classes.

Très-peu d'artistes suivent le genre véritablement historique, tel que le concevait le Poussin.

M. Bergeret, qui, avec une certaine intelligence de clair-obscur et plus de solidité de couleur, a conservé sa composition et sa tournure originale, surtout dans *le François Ier*, (n° 35), qui est son meilleur ouvrage ; M. Menjaud, qui a fait de grands progrès pour la grâce et le modelé, dans son tableau de *la Mort de l'abbé Edgeworth* (n° 574); M. van Brée, qu'à son coloris on reconnaît pour Flamand; MM. Mulard, Delaval, et

4*

quelques autres , joints à ceux que j'ai déjà
cités parmi les peintres d'histoire , traitent avec
succès le genre anecdotique , et réussissent
d'autant mieux qu'ils éblouissent davantage.

Un autre genre, qui présente une multitude
d'accessoires , traités avec une minutieuse
pureté, éclairés le plus souvent d'une lumière
factice , paraît spécialement consacré aux
sujets gothiques ; on pourrait le comparer,
avec raison, au mélodrame. MM. Richard
et Revoil se sont fait une réputation gigantesque, en s'adonnant à ce petit genre.
MM. Laurent, Bouton, Leblanc et plusieurs
autres les imitent avec succès. M. Vauzelle
a fait preuve d'une grande patience en représentant, à l'huile, une imitation parfaite de
la gouache, la plus chargée de détails qu'on
puisse imaginer ; il y a néanmoins beaucoup
d'intérêt dans ses *Abencerages* (n° 763).

Mais , après toutes ces erreurs nées de l'absence des vrais principes, nous pouvons dire
que le genre proprement dit, qui réunit la vérité d'imitation à un heureux choix d'objets
pris dans la nature, disposés d'une manière
simple pour produire un aspect agréable ,
a été cultivé avec fruit par quelques-uns, et
particulièrement par M. Drolling père, que

les arts viennent de perdre, et que l'on doit
regretter d'autant plus qu'aucun de ses tableaux
n'avait offert jusqu'ici un mérite égal à ceux
qui représentent, l'un, *l'Intérieur d'une Cui-
sine* ( n° 253 ), et l'autre *celui d'une Salle à
manger* ( n° 254 ), qui sont ses derniers ouvrages.

## PAYSAGES.

De deux manières de traiter le paysage,
celle qui se présente naturellement à l'esprit
est l'imitation parfaite de la nature; c'est ainsi
que l'a vue le Claude Lorrain; celle-ci, dans
son ensemble et ses détails, conduit directe-
ment à l'autre qui, guidé par un génie créa-
teur, compose des sites inspirés par la poésie,
et les rend avec une exécution large et vigoureuse; c'est un choix de la plus belle nature,
qui la rend digne de l'histoire : le Titien et
le Poussin nous ont ouvert cette belle voie,
mais ce genre sublime est bien difficile pour
ceux qui ne sont pas nés poètes. Je regrette
donc que la plupart de nos artistes, qui ont
fait de si charmantes études, n'aient pas persé-
véré dans des succès si mérités; ils recevraient
des gens de goût le tribut d'hommage dû à
leur mérite, et une variété piquante assurerait

à la première Ecole du monde l'avantage
déjà reconnu de sa supériorité.

Je citerai le premier, M. le comte Turpin
de Crissé. Sa manière suave est faite pour
plaire et pour charmer, et je me rappelle
avec tant de plaisir l'air pur que l'on respi-
rait dans sa *Maison d'Horace*, dans sa *Grotte*
et dans plusieurs autres de ses paysages, que
j'aime toujours à retrouver dans ses productions les traces d'un talent aussi éminemment
agréable, et une vérité d'étude dont il sait profiter avec tant d'art.

Le jeune anonyme, qui nous présente cette
année l'une de ses propres aventures, eût
mieux fait, je pense, de la laisser oublier :
mais, pour ne nous en occuper que sous le
rapport de l'art, avec beaucoup plus de pré-
tention à l'éclat et à l'effet, il a beaucoup
perdu du côté de la vérité et de la perspective
aérienne que l'on admirait jusqu'ici dans ses
tableaux. M. Demarne est toujours séduisant,
et a mis cette année plus de variété dans ses
nombreuses compositions. M. Duperreux,
sans rien changer à sa couleur, qui est un peu
opaque et monotone, continue à exploiter
les sujets les plus intéressans de notre histoire.
MM. Bidauld, Bertin, Bourgeois ont épuisé

leurs portefeuilles des vues qu'ils ont récoltées jadis dans leurs voyages. M. Michallon ne tient pas tout ce qu'il avait promis ; M. Lecomte , avec une main habile, s'éloigne de plus en plus de la nature. J'ai vu des tableaux de M. Ommégank, dans sa première manière , qui se rapprochaient plus des Paul Potter. MM. Dunoui , Barrigue, Garneray , Melling , Mongin, Faure, Rœhn , Crépin, et quelques autres, suivent la route tracée, et ne travaillent plus guère que dans le cabinet; M. Wallin a plus de force et de vérité; M. Watelet cherche à prouver que l'étude peut se joindre en tout temps avec l'habileté. Un effet bien senti, rendu avec une grande vigueur de ton , ne laisse à désirer de M. Reignier qu'un peu plus de fermeté dans la touche. M. Berré étudie avec succès les animaux, et M. Bouhot recherche aussi la vérité de nature, mais on croirait qu'il la voit dans un miroir noir : enfin un nouveau concurrent , M. Dutac , vient présenter son coup d'essai ; il nous montre le résultat des études qu'il a faites dans le silence des bois, et parmi les rochers des Vosges : enfant de la nature, il en a toute l'âpreté, toute la rudesse, mais aussi toute la vérité ; sauvage comme le paysan du Danube , je trouve en lui presque toute son éloquence rustique ; il dit tout ce qu'il voit : les maîtres de nos jours, s'il les consulte, ne manqueront pas de le faire rougir de son peu d'urbanité, et lui donneront pour modèle leur finesse de ton, leur grâce de modelé, la légèreté de leurs fonds, le choix de leurs sujets et de leurs monumens : mais, s'il a vu le Poussin, le Titien, le Claude Lorrain, et autre de cette trempe, il leur répondra : « Je vois ce que vous me demandez, je sais ce qu'il me manque ; mais je pars pour l'Italie, je verrai Rome, Naples et ses environs ; je voyagerai en Sicile ; et vous verrez, à mon retour, si j'ai su profiter de vos leçons. »

## LES DAMES.

Les dames mettent ordinairement tant de grâces dans tout ce qu'elles font, et le plaisir que nous éprouvons à les admirer à tant d'attrait, qu'il est bien difficile d'en parler autrement que pour leur donner des éloges. Cependant j'avoue que je suis bien plus content de moi-même, lorsque j'ai donné des louanges méritées, par exemple, à celles qui, sous leurs doigts délicats, font naître des fleurs qui ne

pourront plus se flétrir ; elles savent assortir les
couleurs avec tant de goût, elles y répandent
un charme tel, que, si elles n'ont pas autant
de fermeté et de force de couleur que les van
Spaendonck et les van Dael, elles nous plaisent
autant sous d'autres rapports, et remplacent
par d'autres qualités, non moins attrayantes,
celles qui ne peuvent appartenir à la délicatesse
de leurs organes. M<sup>mes</sup> Comolera, Berger,
Deharme, Vallayer-Coster sont celles qui
composent la cour de Flore. Je me plais encore
à voir M<sup>mes</sup> Dumeray, Debon, Esménard,
Hue de Bréval, Lemoine, Pilavoine, Pfninger,
Rogeard, et avant tout M<sup>me</sup> Jacquotot, s'occuper de miniature ; et l'image d'une personne
aimée doit devenir encore plus chère, en passant par des mains qui ne peuvent qu'embellir.
M<sup>lle</sup> Bouteiller, dont l'audace étonne ses
rivaux ; M<sup>mes</sup> Chaudet, Lenoir, Mayer, Phli-
pault présentent des portraits à l'huile qui
prouvent aussi ce que je viens d'avancer. Les
scènes sentimentales, tendres et touchantes où
l'on trouve des pensées délicates, fines et spi-
rituelles, sont encore de leur apanage, et
M<sup>mes</sup> Lescot, Mauduit, Gérard, Dabos, de Ro-
many, Servierre, Auzou, Leduc-Jenny et autres nous donnent, dans ces différens genres, de

charmantes productions. Mais, l'avouerai-je?
je les vois à regret s'occuper de tableaux d'histoire; je sais trop ce qui leur en coûte pour se
livrer à des études aussi sérieuses, et qui sont
si peu conformes à leur délicatesse. Cependant
celles qui cultivent ce genre avec succès sont
enviées de la majorité des artistes, et toujours
applaudies du public.

## MINIATURES.

La couronne est toujours placée entre
MM. Augustin et Saint; l'un étudie la nature
avec plus de soin et plus de vérité, l'autre a plus
de verve, de dessin et de goût; l'un est plus
minutieux dans les détails, l'autre a une manière plus large et plus pittoresque; l'un et
l'autre ont du brillant dans le coloris, de la vie
et de la ressemblance; mais si M. Qualia, dont
je me plais à suivre les progrès, parvient à fran-
chir autant d'espace qu'il en a parcouru depuis
le dernier salon, je ne doute pas qu'il ne se
trouve entre ces deux maîtres. MM. Aubri,
Constantin, Counis, Bertrand viennent ensuite
suivis de MM. Cœuré, Evrard et plusieurs
autres d'un mérite à-peu-près égal pour la
grâce et la délicatesse, mais qui auraient souvent besoin de consulter, pour la vérité, les

Petitot dont nous avons une si belle collection ;
M. Lestang-Parade retrace avec force et vérité
les traits chéris d'Henri IV. M. Fremy,
dans ses miniatures à l'huile, pourrait avoir
plus de légèreté de couleur ; mais elles offrent,
avec une grande vigueur de ton, de bonnes
études de nature. M. Isabey soutient son nom
par son beau dessin du congrès de Vienne, et
la manière agréable de ses portraits. Une suite
de lavis coloriés, pour l'histoire de M^me La-
vallière (n° 355), par M. Auguste Garneray,
est d'une composition charmante, d'un effet
heureux, d'une couleur douce, et d'une grande
délicatesse ; il serait à souhaiter que beaucoup
de tableaux leur ressemblassent. Une grande
quantité d'autres dessins de différens genres,
se fait encore remarquer ; enfin M. Huet fils
donne une collection d'Aquarelles sur vélin,
représentant différens animaux, traités avec
une rare perfection.

————————

Comme je n'ai pu vous entretenir nomina-
tivement de tous les peintres qui ont des tableaux à l'exposition, je vous répéterai ici,
pour ceux que je n'ai pas cités, qu'en général,
le plus petit nombre se fait remarquer par une

bonne ordonnance, une composition réglée, un dessin étudié, une couleur vigoureuse et de l'harmonie; les autres ont de l'éclat, mais de la crudité de ton, de bonnes intentions, contrariées par des lignes qui ne se balancent pas agréablement; enfin peu d'étude du dessin et de la nature. Cependant ils ont tous quelque chose de bon qu'ils peuvent conserver et même améliorer, des défauts qu'ils peuvent corriger, et j'aime tant les arts, qu'en voyant leurs productions, je me dis souvent ce qu'un savant disait des dialogues de Lucien : « Parle-moi « toujours des Grecs, quand tu devrais en « médire. »

## GRAVURE.

Cet art doit nous donner la copie exacte des tableaux, tant pour le dessin et l'expression, que pour l'effet; la couleur même peut y être sentie, ou par les nuances, ou par la différence des travaux. De-là, on peut conclure que le talent du graveur n'est pas de beaucoup inférieur à celui du peintre, et même il est facile de reconnaître par la science du clair-obscur ceux des anciens qui se sont livrés à l'étude de la peinture. La plupart des graveurs de notre temps, mieux pénétrés sans doute de l'essence de leur art, ne pensent qu'à bien conduire leur burin, et on les encourage encore à négliger les autres études, en leur répétant que, n'étant appelés qu'à copier les maîtres, ils trouveront dans leurs modèles tout ce qui leur sera nécessaire; mais si, dans ce cas, la composition leur est à-peu-près inutile, je ne croirai jamais que le dessin leur serait nuisible ; et tel maître qui verrait rendre avec plus de grâce et de finesse un contour, dans lequel il se serait glissé quelques incorrections, serait bien ridicule s'il s'en fâchait.

L'*Hyppocrate* gravé par M. Massard, d'après l'une des premières productions d'un artiste distingué, n'a pas l'entente du clair-obscur qui fait valoir la partie principale d'une composition, et dont l'absence détruit tout l'effet que la meilleure pensée aurait pu produire. L'*Homère* a plus de vigueur, un travail moins froid et plus d'effet. M. Desnoyers n'a pas évité la mollesse et les incorrections de son original, et son travail n'est pas du fini précieux que ce genre semble exiger; mais il y a de l'air dans les fonds et de la variété dans les tailles. M. Baquoy a traduit un des grands tableaux de Lesueur : *Saint-Gervais et Saint-Protais*; l'harmonie générale en est assez bonne, les plans assez bien observés, mais l'unité de travail, et surtout le dessin, en sont les parties faibles. Les vignettes de la vie de Saint-Bruno, par M. Villerey, d'après Lesueur, m'ont paru faites avec délicatesse. Les portraits de M. Audoin, d'un burin léger et facile, ne sont pas exempts de monotonie, ainsi que ceux de M. Lignon, dans lesquels on sent peu la couleur. Chez M. Potrelle on voit le résultat des études sévères qu'il a faites ; mais on désirerait quelque chose pour la grâce et le modelé. Les paysages d'après Claude Lorrain, par M. Piringer, sont d'un effet heureux, et traités avec suavité, et les vues du Musée des monumens français, de MM. Reville et Vallée, d'une manière heurtée, présentent de l'effet et de l'intérêt. Enfin, je le répète, le défaut général de presque tous les graveurs vient de ce qu'ils exigent d'eux-mêmes une pureté, une régularité de travail indépendante du dessin, qui doit nécessairement éteindre la verve et la chaleur.

M. Andrieu donne, dans ses médailles, une heureuse ressemblance, avec une exécution soignée, mais accompagnée d'un peu de rondeur, et les mêmes observations sont applicables aux ouvrages de MM. Thiollier et Gatteaux.

Enfin MM. Engelmann et Lasteyrie nous montrent des essais de la gravure sur pierre, qui attestent leur amour pour les arts et leur désir de se rendre utiles ; leur zèle est digne des plus grands éloges. En effet, une gravure faite avec la rapidité d'un dessin, et qui en conserverait toute l'originalité, serait une découverte bien précieuse, si l'on pouvait espérer d'arriver seulement à la perfection des eaux fortes des Penn et des Silvestre. A la vérité ce que nous voyons pourrait en faire douter, et des croquis pleins d'esprit, mais sans effet, ne sont pas, je pense, tout ce que l'on attend de perfectionnement pour rendre ce genre utile. Cependant on doit concevoir des espérances, et, si l'on peut parvenir à réunir la pureté qu'on remarque dans des traits de botanique, à l'effet dont quelques morceaux font entrevoir la possibilité, on pourra se flatter d'avoir donné à l'artiste, qui y ajoutera le fruit de ses autres études, un moyen facile de répandre promptement ses productions, et d'en faire jouir toutes les classes de la société.

## ARCHITECTURE.

Je ne vous parlerai point de ces projets d'architecture de proportion gigantesque, dont l'inu-

tilité bien reconnue doit empêcher les gens de
bon sens de s'y arrêter. Ceux, par exemple,
qui nous proposent de construire des monumens allégoriques, composés d'un grand esca-
lier qui conduit à des colonnes isolées, et autres
choses aussi nécessaires, ou d'abattre encore
une partie de Paris, pour la remplacer par un
hôtel-de-ville, dont nous avons autant besoin
que de l'arc de triomphe de l'Etoile, ne sont
pas aussi sages que M. Fouquet. Celui-ci nous
offre en relief les plus célèbres monumens de
l'antiquité : ne trouvez-vous pas, comme moi,
qu'on ne peut pas faire une critique plus san-
glante des modernes ? Pour moi, je crois que
lui, M. Coussin, qui nous donne la restauration du temple de Vesta à Rome, et MM. Le-
bas et Debret qui travaillent aux œuvres com-
plètes de Barozzy et de Vignole, ont formé le
projet très-sensé de nous empêcher d'oublier
les bons principes. M. Le Dru se joint à eux
pour nous parler raison ; il nous offre deux
projets simples, exécutables, utiles, et de plus
ils sont approuvés par la commission des travaux publics. Cela me rappelle Phocion, qui,
haranguant le peuple d'Athènes, fut fort
étonné de se voir applaudi.

# SCULPTURE.

Pour arriver aux sculptures modernes, il nous fallut traverser les salles des antiques; mon antiquaire ne manqua pas d'en visiter les principales figures, et de m'en faire admirer les sublimes beautés; ce qui ne contribua pas peu à le mettre dans une disposition telle, qu'il n'était plus possible d'arrêter, ou seulement de modérer son exaspération, en voyant les ouvrages de nos sculpteurs. Il parlait avec une véhémence qui attirait tous les regards sur nous; son exagération alla si loin, que je me bornerai à rapporter ici ce qu'il dit de moins extravagant, et qui s'est rencontré avec l'avis du public.

Je revois avec plaisir, me dit-il, cet *Ajax* de M. Dupaty ( n° 1093 ); j'ai déjà loué, sur le modèle en plâtre, sa verve et sa chaleur; mais je regrette que l'action du héros, qui lui fait perdre de sa dignité, n'ait pas permis à l'artiste d'y montrer tout l'idéal des formes que l'imagination se plaît à donner au fils d'Oïlée.

*L'Amour*, par M. Chaudet ( n° 805 ), re-

5

nouvelle les regrets que nous devons à ce beau talent; une pose heureuse, un dessin gracieux, des formes étudiées le caractérisent; mais je trouve les plans trop arrondis, et les emmanchemens un peu lourds.

Par M. Romagnesi, *Orphée*. L'ami des muses ne devrait-il pas emprunter, dans ses formes, quelque chose de leur douceur et de leur élégance, et montrer plus de noblesse et de beauté idéale? Sa tête n'est pas inspirée par ses chants; mais les portraits exécutés en marbre par cet artiste sont très-beaux, et *Minerve, protectrice de la France*, est un chef-d'œuvre. Cette pensée heureuse et bien exprimée est exécutée avec un goût exquis; la main gauche est cependant moins bien dessinée que la droite, et la tête est un peu longue.

L'*Androclès*, de M. Caldelari (n° 801), est traité dans les formes et le style qui conviennent à un esclave; il a une expression vraie, mais j'y trouve cette roideur des modernes, que l'étude de la nature peut seule faire disparaître.

*La Vierge avec l'Enfant Jésus* (n° 812), par M. Delaistre, est d'une belle composition et d'un beau caractère ; je regrette de ne pas voir sur la tête de la vierge le voile qui la distingue des autres saintes. Celle de M. Lemoine (n°. 861) ne manque pas de grâce, mais la tête est trop forte pour la proportion de cette figure, qui, d'ailleurs, est traitée avec goût.

Quel est, continua-t-il, cette allégorie de M. Rutxhiel (n° 901)? Le dessin est assez correct, quoique passé jusqu'à la froideur, et on n'y trouve plus la vie que lui avait inspirée le premier jet de l'artiste. Ces détails sont trop fragiles pour pouvoir espérer leur conservation; mais l'étude qu'on retrouve dans ces portraits lui garantit pour l'avenir des succès mérités.

Remarquez cette *petite Statue équestre d'Henri IV* de MM. Brunot et Jeannest ; elle est d'un bon modelé et finement exécutée.

*Un jeune Discobole* (n° 885), par M. Raggi, d'une nature étudiée, promet de l'originalité et un talent vrai.

M. Durand présente une esquisse de *Sapho* (n° 827) qui nous en fait désirer l'exécution.

M. Vallois continue à soutenir sa réputation par des portraits d'une grande vérité, d'un beau fini, et qui sont précieux encore à d'autres titres.

La pensée et le goût ont guidé M. Esper-
cieux dans l'esquisse du *Tombeau de Racine*
(n° 83o.); rien ne pouvait mieux l'orner que
ses propres ouvrages, très-bien représentés par
des figures héroïques; mais il y a si long-
temps que l'envie a expiré devant eux, qu'elle
n'est plus là qu'un hors-d'œuvre d'un aspect
peu agréable, et d'une proportion qui nuit à
l'effet. Je dirai aussi que je voudrais plus de
noblesse et de caractère dans *Sully* en pied
( n° 829 ).

M. Lesueur nous donne une belle statue de
M. *le Bailli de Suffren* ( n° 862 ). Les proportions sont justes, l'attitude bonne et le dessin
gracieux. Je sais gré à l'artiste d'avoir su éviter
un embonpoint qui eût nui à la noblesse des
formes.

L'*Abbé Suger*, d'un bon jet, et d'un drapé
historique, par M. Stouf, fera aussi une bonne
statue.

Je voudrais pouvoir en dire autant de celle
de *la Reine Marie-Antoinette à son prie-
Dieu* (n° 883), où ces qualités sont à désirer, et
je n'y vois pas assez bien exprimées et la dignité
de son rang, et les grâces de son sexe. Ma
franchise doit offenser quelques oreilles déli-

cates; mais je me crois engagé, en conscience, à dire tout haut ma pensée, principalement sur ces ouvrages qui sont soumis aux regards du public, avant que les auteurs entament le bloc destiné à éterniser leur mémoire. A ces mots le comte de Y. fit quelques pas et voulut garder le silence sur tout le reste. Je le suivis, et nous sortîmes de cette dernière sale : voyez, dit-il, maintenant, ces deux statues de Michel-Ange; quelle force de vie et d'ensemble, d'étude de nature dans les détails, et de volonté dans l'exécution! il semble que ces figures ont été coulées d'un seul jet; cet homme-là connaissait les Grecs, et de son temps on savait appliquer la science à l'étude de la nature. Mais, en considérant les productions nouvelles, je ne crains pas d'affirmer que les arts, loin d'être arrivés à leur plus haut degré de splendeur, ainsi qu'on l'a proclamé hautement, ne font encore que donner des présages heureux qu'une sage direction doit réaliser : tel est mon avis; et, quoiqu'il soit possible que, par des raisons dont je ne me fais aucune idée, on parvienne à prouver au public qu'il doit trouver excellent ce que j'ai blâmé, et détestable ce que j'ai cru devoir approuver, je vous déclare ici, pour conclure, que mon intention, est de rester toujours dans mon opinion, que je crois la mieux fondée en principes, et, plus assuré que le philosophe Montaigne, je vous la donne et pour mienne et pour bonne.

## F I N.

www.ingramcontent.com/pod-product-compliance
Lightning Source LLC
Chambersburg PA
CBHW071421220526
45469CB00004B/1378